Visita Interiora Terrae, Rectificandoque, Inveries Occultum Lapidem

Didier Mosèle

Prof. Didier Mosèle ist ein sportlicher vierzigjähriger Junggeselle. Er lebt inmitten von Büchern und Handschriften. Als Beauftragter des Kultusministeriums leitet er ein internationales Team bei der Stiftung Meyer. Seit neun Jahren arbeitet er an der Pergamentrolle 4Q456-458. Seine Studien wurden angeregt von Pater Bénoît, Prof. Strugnelle, dem Dominikaner Roland de Vaux, Dr. Stafford und weiteren Forschern, die sich der mühsamen Entzifferung der Pergamente widmen. In 4Q456-458 entdeckte Mosèle, dass Jesus nicht am Kreuz starb.

Francis Marlane

Francis Marlane ist fünfundvierzig, lebt in Scheidung, verfasste mit bescheidenem Erfolg, doch von der Fachwelt anerkannt, historische Studien. Er ist Hobbyfotograf, Freimaurer, und fertigt sensible Aquarelle an. Didier Mosèle lernt den Historiker anlässlich ihrer Aufnahme in die Freimaurerloge Eliah kennen. Die beiden verstehen sich auf Anhieb und Mosèle nimmt Marlane in sein internationales Team bei der Meyer-Stiftung auf, das die Schriftrollen 4Q456-458 entziffert. Später wird Marlane ermordet.

Josiane Marlane

Sie lebt von ihrem Mann getrennt, hat aber ein freundschaftliches Verhältnis zu ihm. Nach Francis' Tod versucht sie, zusammen mit Didier Mosèle mehr über die Hintergründe herauszufinden. Beide sind überzeugt, dass die Hüter des Bluts Francis ermordet haben.

Norbert Souffir

Der betagte Wissenschaftler gehört zu Didier Mosèles Team und kann fast alle Sprachen entziffern, die in den Wüsten der Welt begraben liegen. Er liest die Texte der Essener, als wäre es Alltagssprache.

Der Unbekannte

Er nimmt Francis Marlanes Stelle ein und wird quasi dessen Bote. Mehrfach übermittelt er Briefe an Didier Mosèle: Botschaften, die Francis vor seinem Tod verfasste.

Martin Hertz

Ehrwürdiges Mitglied der Freimaurerloge Eliah und Anwalt im Ruhestand. Er führte Mosèle und Marlane dort ein. Er besitzt eine legendäre Handschrift, das Testament des Narren, ein Evangelium, das teilweise von Jesus verfasst wurde. Martin Hertz gehört weiterhin einer mythischen, okkulten Abweichlerloge an: der Ersten Loge, die angeblich von Jesus gegründet wurde.

Papst Johannes XXIV

Der alte Papst liegt im Sterben. Von seinem Bett aus hält er sich mit Hilfe von Kardinal de Guillio über Didier Mosèles Studien auf dem Laufenden, die an den Fundamenten der Kirche rütteln, da sie die wahre Identität Jesu in Frage stellen.

Monsignore de Guillio

Das Geheime Dreieck

BAND IV
DAS VERSCHOLLENE EVANGELIUM

DIDIER CONVARD

DENIS FALQUE – CHRISTIAN GINE – PATRICK JUSSEAUME – PIERRE WACHS

Kolorierung : PAUL

Umschlagzeichnung : ANDRÉ JUILLARD

DAS GEHEIME DREIECK

BAND I
Das Testament des Narren

BAND II
Der Mann im Grabtuch

BAND III
Asche und Gold

BAND IV
Das verschollene Evangelium

BAND V
Die teuflische Lüge

BAND VI
Das verborgene Wort

BAND VII
Der Hochstapler

Impressum
„Das Geheime Dreieck"
Autoren und Zeichner: Didier Convard
Denis Falque – Christian Gine – Patrick Jusseaume - Pierre Wachs
Farben: Paul
Umschlag-Zeichnung: André Juillard
Aus dem Französischen von Resel Rebiersch
Originaltitel:
« Le Triangle Secret, Tome 4, L'Évangile Oublié »
1. Auflage
EHAPA COMIC COLLECTION
verlegt durch
Egmont vgs verlagsgesellschaft mbH
Gertrudenstr. 30-36, 50667 Köln
Verantwortlicher Redakteur: Bernd Klötzer
Lettering: magic-letters
Gestaltung: Wolfgang Berger
Koordination: Christiane Dihsmaier
Buchherstellung: Angelika Rekowski
© 2001, Editions Glenat
Deutschsprachige Ausgabe:
Egmont vgs verlagsgesellschaft mbH, Köln 2004
Druck und Verarbeitung: Drogowiec PL, Polen
ISBN 3-7704-1497-7

www.ehapa.de
www.vgs.de

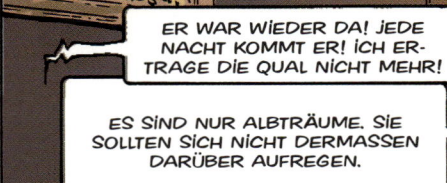

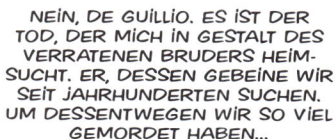

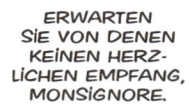

FREITAGMORGEN, IN PARIS...

KURZ DARAUF, IN DER AVENUE DE LA PORTE BRANCION NR. 33...

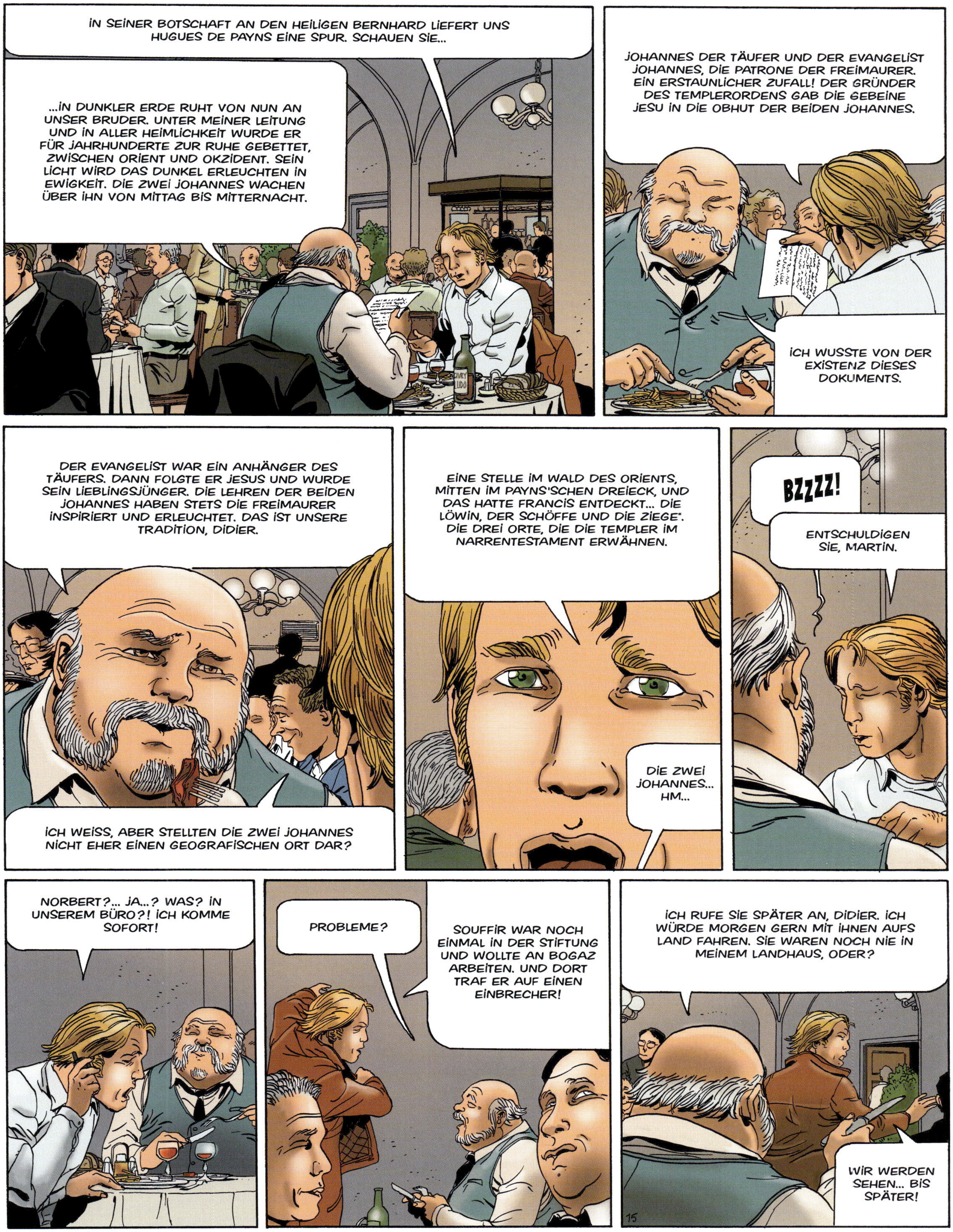

23.15 UHR...

DOMINUS VOBISCUM.

ET CUM SPIRITU TUO.

WIE ICH IHNEN ANLÄSSLICH UNSERER LETZTEN LOGGIA BEREITS SAGTE, HABEN SIE AUSGEZEICHNETE ARBEIT GELEISTET. DAMIT HABEN SIE IHREN PATZER IM WALD DES ORIENTS WIEDER AUSGEBÜGELT.

DER PAPST WILL UND WILL NICHT STERBEN... WIR MUSSTEN ETWAS GAS GEBEN.

DAS NARRENTESTAMENT IST IN VILLERY.

RICHTIG. UND MOSÈLE SOWIE MARLANES WITWE FAHREN MIT MARTIN HERTZ HIN. SIE SIND HIER, UM IHRE NÄCHSTEN ANWEISUNGEN ABZUHOLEN.

UND ZWAR NUR VON IHNEN PERSÖNLICH, MONSIGNORE.

DAMALS BRANNTEN DIE TEMPLER DAS KLOSTER VON ORBIGNY NIEDER, UM IHRE SPUREN ZU LÖSCHEN, NACHDEM SIE NIKOLAUS UND AGNATUS VON PADUA ERMORDET HATTEN.

DURCH FEUER! AUCH DIE ERBEN DER TEMPLER WERDEN IM FEUER UMKOMMEN.

ICH HABE VERSTANDEN.

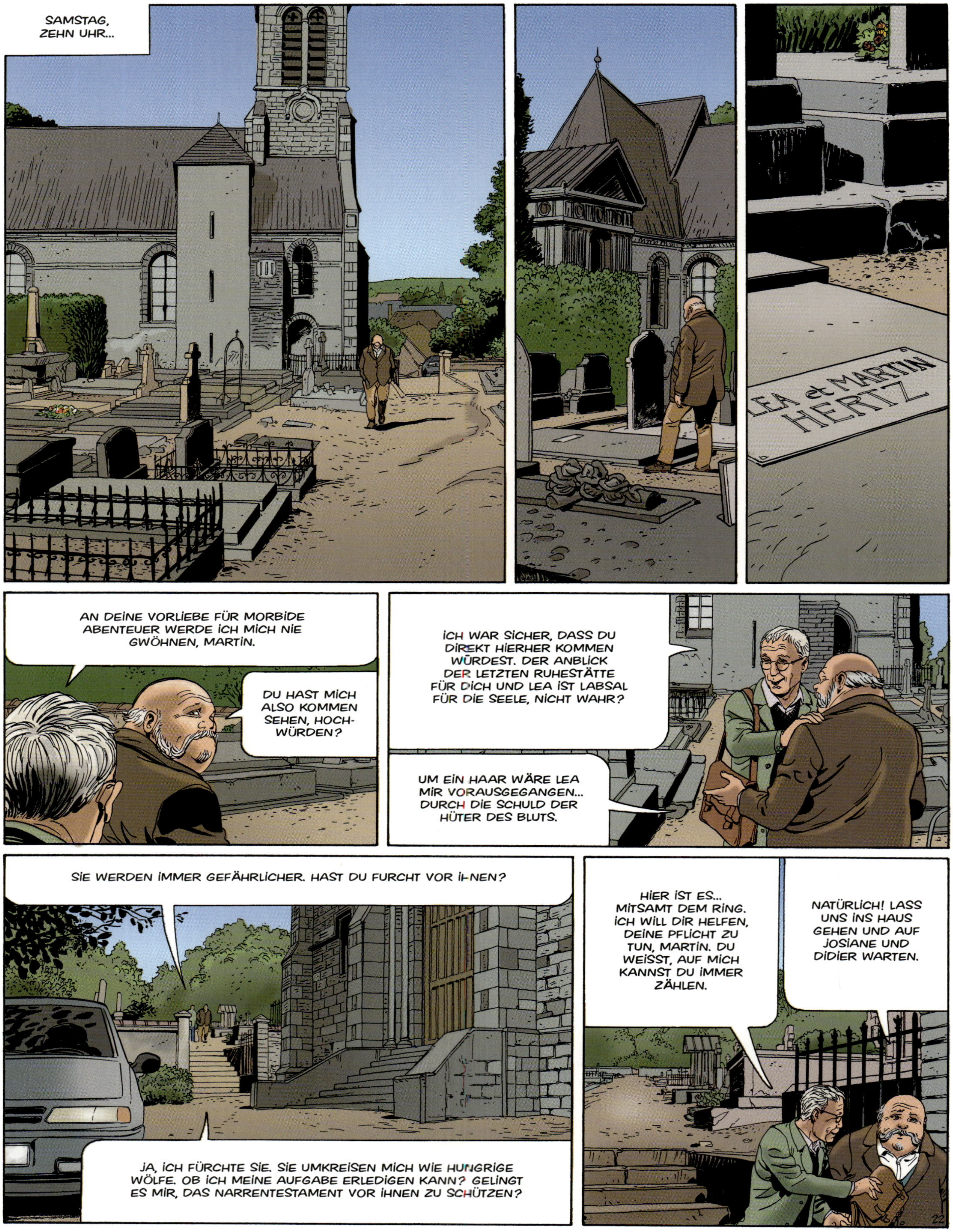

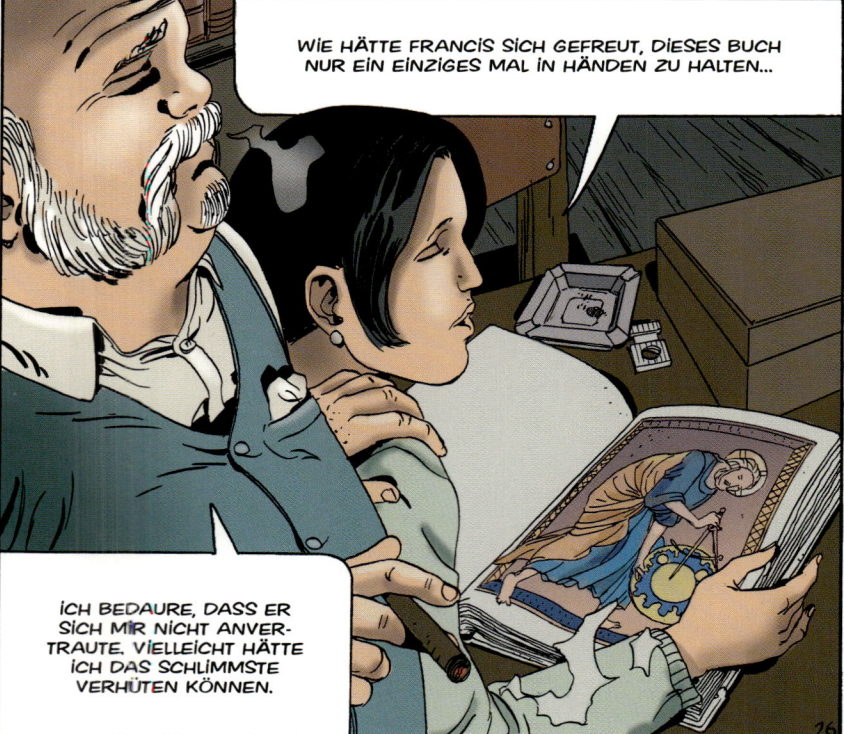

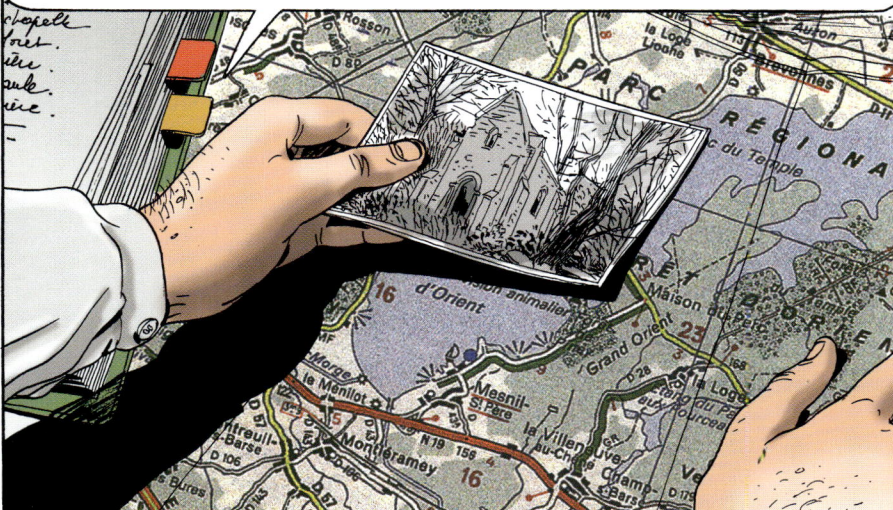

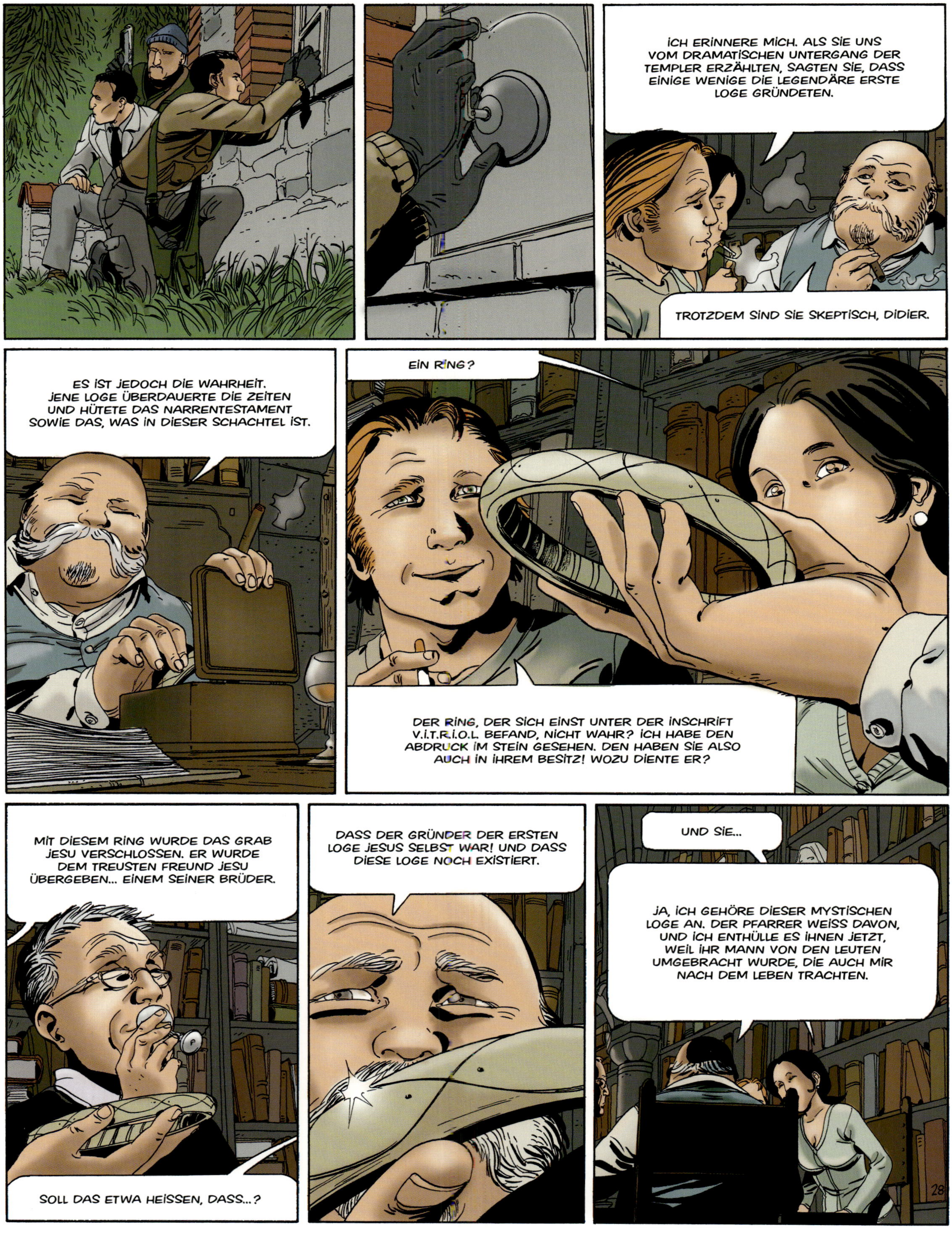

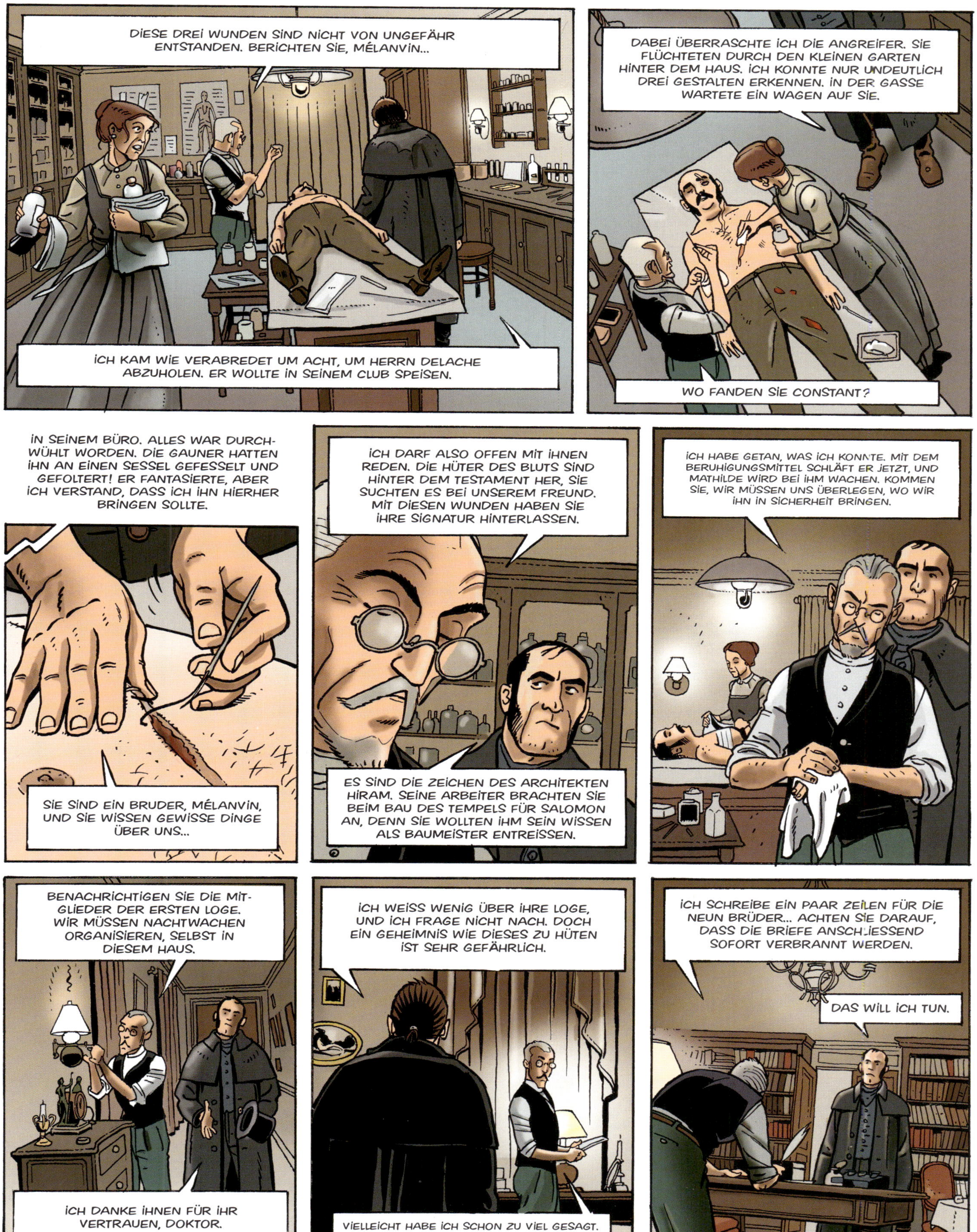

SPÄTER...

DA WIR DAS ALTER ERREICHT HABEN UND DIE ZEIT GEKOMMEN IST, BEGINNEN WIR DIE ARBEIT, BRÜDER.

SIE ALLE HABEN DURCH DEN BOTEN VOM UNGLÜCK UNSERES BRUDERS DELACHE ERFAHREN. DIE HÜTER DES BLUTS WISSEN NUN, DASS ER DAS TESTAMENT UND DEN RING BEWAHRTE.

UND WENN DIE HÜTER BEREITS HABEN, WAS SIE WOLLTEN?

NUR SIE, LARIVOIRE, UND DELACHE KENNEN DAS VERSTECK DER HANDSCHRIFT.

SIE WISSEN, DASS DIES AUS SICHERHEITSGRÜNDEN SO IST. DORT, WO DAS TESTAMENT SICH MOMENTAN BEFINDET, WIRD ES NIEMAND SUCHEN.

WIR MÜSSEN FÜR BRUDER DELACHE EINEN SICHEREN ORT FINDEN, WO ER SICH ERHOLEN KANN. ICH KANN IHN NICHT HIER BEHALTEN, UND IN EINER KLINIK KÖNNTEN UNSERE GEGNER EINEN NEUEN ÜBERFALL VERSUCHEN.

ICH SCHLAGE MEINE KIRCHE VOR, JOHANNES DER TÄUFER IN GRENELLE. EIN HEILIGER ORT WÄRE SICHER, ODER?

EINE GUTE IDEE. LASSEN SIE UNS ABSTIMMEN.

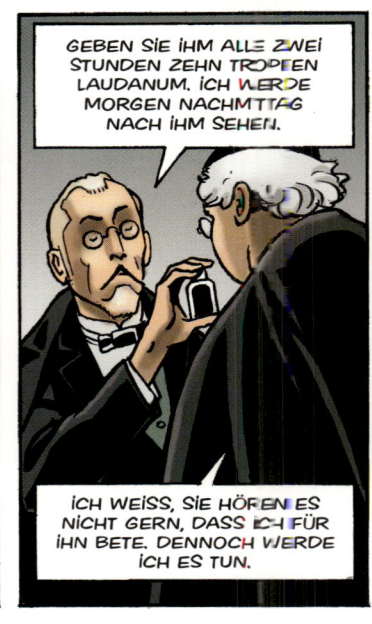

PATER JONCOURTS VORSCHLAG WURDE VON DEN BRÜDERN DER ERSTEN LOGE ANGENOMMEN.

WIR WOLLEN EINEN RING BILDEN, BRÜDER, UND GEMEINSAM AN CONSTANT DENKEN. ER WURDE NIEDERGESCHLAGEN WIE DER BAUMEISTER HIRAM VON SEINEN EIGENEN ARBEITERN.

...MÖGE DER PLAN ÜBERDAUERN!

MÖGE DER PLAN ÜBERDAUERN!

WIR WOLLEN CONSTANT IN SEINEN WAGEN TRAGEN. ICH MÖCHTE, DASS MÉLANVIN IHN FÄHRT, BEI DIESEM WETTER...

EIN WEISER ENTSCHLUSS.

WIE ERKLÄREN SIE SICH, DASS DIE HÜTER UNS AUFGESPÜRT HABEN? MEINEN SIE NICHT, DASS DER KAISER UNSER GRÖSSTER FEIND IST? ER HAT MARSCHALL MAGNAN AN DIE SPITZE DES GROSS-ORIENT GESTELLT UND VERSUCHT, DEN STAATSRAT ZUSAMMENZUSCHWEISSEN.

NUN JA...

ICH WERDE GLEICH MIT DEM MARSCHALL REDEN UND IHM VON DEN NEUERLICHEN VERFOLGUNGEN BERICHTEN. ICH KENNE UND SCHÄTZE IHN.

VERTRAUEN SIE EINEM MILITÄR, EINEM GEWIEFTEN POLITIKER, NICHT ZU SEHR, SELBST WENN ER UNSERE GRUNDSÄTZE TEILT.

WOHIN BRINGEN SIE MICH? INS GRAB?

IHRE STUNDE HAT NOCH NICHT GESCHLAGEN, CONSTANT. ICH BRINGE SIE ZU SANKT JOHANN, ER WIRD SIE BESCHÜTZEN.

GEBEN SIE IHM ALLE ZWEI STUNDEN ZEHN TROPFEN LAUDANUM. ICH WERDE MORGEN NACHMITTAG NACH IHM SEHEN.

ICH WEISS, SIE HÖREN ES NICHT GERN, DASS ICH FÜR IHN BETE. DENNOCH WERDE ICH ES TUN.

ES KOMMT GANZ DARAUF AN, ZU WEM MAN BETET.

SIE KENNEN IHN... DER, DEN DEN PLAN ENTWORFEN HAT, FÜR DEN WIR ARBEITEN.

ER IST NOCH IMMER DA... ER SIEHT MICH AN! UND ICH SEHE SEIN OFFENES GRAB!

CONSTANT, SIE WAREN NIE EINE FROHNATUR, ABER DIES GEHT ZU WEIT. WENN SIE NICHT AUFHÖREN, VERABREICHE ICH IHNEN DIE GANZE FLASCHE LAUDANUM!

TAGS DARAUF IM ÉLYSÉE-PALAST, 11.30 UHR...

VERFLIXT, HAUSSMANN, VIER MILLIONEN FRANCS SIND EINE ENORME SUMME! SIE FORDERN VIEL VOM STAATSSCHATZ!

DAS KOSTET ES NUN EINMAL, WENN WIR DAS UNTAUGLICHE ALTE STRASSENPFLASTER AUS SANDSTEIN ERSETZEN WOLLEN.

GEWISS... ABER WIR MÜSSEN DEN LOUVRE FERTIG STELLEN, DAS WERK VON PHILIPP AUGUST UND PHILIPP DEM SCHÖNEN BEENDEN, NICHT WAHR?

DER LOUVRE IST GESCHICHTE UND KANN WARTEN. DIE KABRIOLETTS UNSERER ZEIT HINGEGEN STÜRZEN IN DEN RILLEN DER AVENUEN STÄNDIG UM!

SIRE, MARSCHALL MAGNAN BAT UM EINE AUDIENZ.

DEN LANGWEILER HATTE ICH GANZ VERGESSEN!

ICH MACHE ES KURZ, BARON. RECHNEN SIE NOCH EINMAL NACH, VIELLEICHT KÖNNEN SIE DAS KOMMA EIN WENIG VERSCHIEBEN...

ICH BRAUCHE NUR ZWEI, DREI STRASSEN AUSZULASSEN, SIRE.

ICH HÖRE, MARSCHALL. ABER FASSEN SIE SICH KURZ.

SIRE, HEUTE MORGEN ERFUHR ICH, DASS EIN BRUDER UND MITGLIED DES STAATSRATS IN SEINEM HAUS ÜBERFALLEN WURDE UND...

DESWEGEN STÖREN SIE MICH? SOLL SICH DIE POLIZEI DARUM KÜMMERN!

ABER ES HANDELT SICH UM CONSTANT DELACHE. VOR EINEM HALBEN JAHR ÜBERGAB ICH IHNEN EINEN GEHEIMBERICHT ÜBER SEINE PERSON. SIE ERINNERN SICH DOCH, SIRE?

35

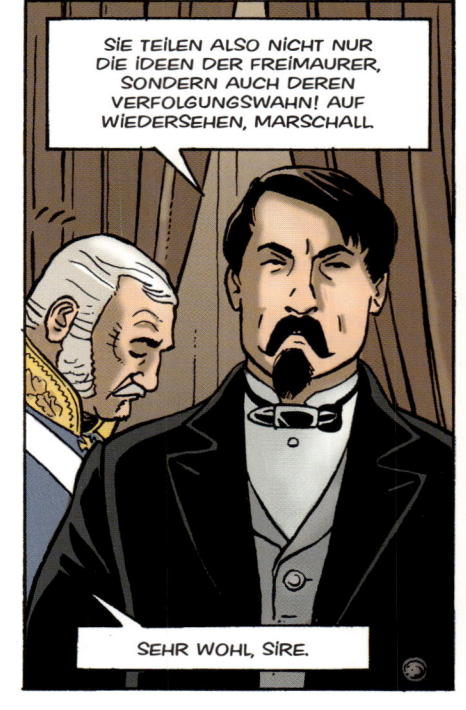

MAGNAN, AM ZWEITEN JANUAR LETZTEN JAHRES ERNANNTE ICH SIE ZUM GROSSMEISTER DER ORIENT-LOGE. DA SIE KEIN FREIMAURER WAREN, VERTRAUTE ICH IHNEN UND ÜBERTRUG IHNEN EINE GEWISSE AUFGABE.

ICH SPRECHE VON CONSTANT DELACHE, SIRE...

SIE SOLLTEN ALLE LOGEN UNTERWERFEN UND DEREN FEINDSELIGE UMTRIEBE ERSTICKEN. EINIGE SIND NICHTS ALS BRUTSTÄTTEN VON REPUBLIKANERN, SOZIALISTEN, REVOLUTIONÄREN. DOCH SIE LIESSEN SICH ANSTECKEN!

ICH SOLLTE AUCH EINE DER KLEINEREN LOGEN ERFORSCHEN... UND DAS TAT ICH.

ICH GEWANN SOGAR CONSTANT DELACHES VERTRAUEN UND ÜBERMITTELTE IHNEN SEIN WISSEN ÜBER JENE ANGELEGENHEIT, DIE SOWOHL DAS REICH WIE DEN VATIKAN INTERESSIERT.

GENUG, MARSCHALL! WORAUF WOLLEN SIE HINAUS?

WOLLEN SIE ETWA ANDEUTEN, ICH HÄTTE ETWAS MIT DEM ÜBERFALL AUF DIESEN DELACHE ZU TUN?

ICH FÜRCHTE LEDIGLICH, DASS MEIN BERICHT AN SIE IRGENDWIE EINEN WEG INS BÜRO DES PAPSTES GEFUNDEN HAT.

AHA. UND SIE GLAUBEN, SEINE AGENTEN HÄTTEN DELACHE ÜBERFALLEN. WIE NENNEN SIE DOCH GLEICH JENE FINSTEREN SOLDATEN?

SIE WISSEN ES WOHL, SIRE: DIE HÜTER DES BLUTS.

SIE TEILEN ALSO NICHT NUR DIE IDEEN DER FREIMAURER, SONDERN AUCH DEREN VERFOLGUNGSWAHN! AUF WIEDERSEHEN, MARSCHALL.

SEHR WOHL, SIRE.

MAGNAN...

SIE HABEN MIR NIE EINEN BERICHT ÜBERGEBEN. ICH HABE NIE VON CONSTANT DELACHE UND DER ERSTEN LOGE GEHÖRT.

ALLES, WAS ICH SAGTE, WAR FREI ERFUNDEN... WIE SIE WÜNSCHEN, SIRE.

ICH KOMME SOEBEN VOM KAISER. ES TUT MIR AUFRICHTIG LEID FÜR IHREN FREUND, DOKTOR. ICH FÜHLE MICH VERANTWORTLICH DAFÜR.
SIE WAREN DAS WERKZEUG DES KAISERS, MARSCHALL. ALS SIE DEN POSTEN DES GROSSMEISTERS ÜBERNAHMEN, KONNTEN SIE NICHT AHNEN, DASS SIE EIN ECHTER FREIMAURER WERDEN WÜRDEN.
DENNOCH HABE ICH VIEL ÜBLES ANGERICHTET, INDEM ICH DIE INFORMATIONEN WEITERGAB. WIE KANN ICH DAS WIEDER GUTMACHEN?
INDEM SIE DIE FREIMAUREREI GEGEN DIE ANGRIFFE VERTEIDIGEN, DIE DEMNÄCHST AUF UNS VERÜBT WERDEN. DER KAISER UND DER PAPST WERDEN SICH NICHT ZUFRIEDEN GEBEN.
VERSPROCHEN. ABER DELACHE...?
ER IST IN SICHERHEIT. ICH FÜRCHTE JEDOCH, ER HAT DEN VERSTAND VERLOREN.
SAGEN SIE, LARIVOIRE... SIND SIE WIRKLICH ÜBERZEUGT, DASS IHR GEHEIMNIS ALLE DIESE OPFER, DIESES MARTYRIUM WERT IST?
DAS FRAGE ICH MICH AUCH MITUNTER.
ABER ICH GLAUBE, ES LIEGT ETWAS MAGISCHES IN DEM ERBE, DAS WIR DURCH DIE JAHRHUNDERTE BEWAHREN... ETWAS SCHICKSALHAFTES.
JA, DAS KANN ICH VERSTEHEN.
SEIEN SIE AUF DER HUT, BRUDER. DIE HÜTER DES BLUTS HABEN ETWAS GESPENSTISCHES... SIE HABEN KEINE IDENTITÄT.
FAST WIE WIR.
37

ICH KOMME, JOHANNES, ICH KOMME...

IHR SEID ALLE DREI DA... DIE VERFASSER DES TESTAMENTS... DIE ZWEI JOHANNES UND DU, JESUS...

I-ICH MÖCHTE IN EUREN ARMEN STERBEN, BRÜDER...

ALLMÄCHTIGER, CONSTANT!...

WAS MACHEN SIE DENN DA, CONSTANT! IN DEN ARMEN EINER GIPSFIGUR STERBEN ZU WOLLEN!

CONSTANT DELACHE

— Sein Grab war schon bereit?
— Oh ja, seit langem.

— Ich hatte Constant als Bewahrer des Testaments gewählt, weil er weder eine Frau noch Angehörige hatte. Sie werden es gleich verstehen. Hebt den Stein.
— Wir hätten mehr Freunde zum Begräbnis bitten sollen.

— Nein, die Brüder der ersten Loge genügen.

— Wir können ihn jetzt zur Ruhe betten.
— Einen Moment noch.

— Das Narrentestament! Es war in Constants Grab versteckt! Hier hätte niemand die Handschrift vermutet.

— Lasst uns einen letzten Ring mit unserem Freund schliessen. Er hat seine Pflicht treu erfüllt. Nur ein sehr ehrbarer Mann kann sein Nachfolger sein.

„Besuche das Erdreich, sieh dich um, und du wirst den dunklen Stein finden."

Möge der Plan überdauern!

CONVARD – JUSSEAUME

SO IST ES BEI UNS SITTE... SOBALD DAS TESTAMENT UND DER RING IN GEFAHR SIND, VERSTECKT DER BEWAHRER SIE IN SEINEM GRAB. AUCH MEIN GRAB WIRD DIESE RELIQUIEN EMPFANGEN.

ALLERDINGS, DAS IST EIN SICHERES VERSTECK!

UND WORIN BESTEHT NUN DIESER PLAN, MARTIN?

FÜR HEUTE HABE ICH EUCH GENUG ERZÄHLT.

AUCH STEHT ES MIR NICHT ZU, IHRE FRAGE ZU BEANTWORTEN, DIDIER. SIE WERDEN MIT SICHERHEIT ZU GEGEBENER ZEIT ALLES ERFAHREN, ABER NICHT VON MIR.

JETZT WISSEN WIR ENDLICH, WO SIE DAS TESTAMENT VERSTECKEN.
IN EINEM GRAB! BEI DIESEN FREIMAURERN WUNDERT MICH GAR NICHTS MEHR... DIE MIT IHREM TODESKULT!
ICH MUSS MONSIGNORE VON DEM PLAN BERICHTEN. ICH HABE KEINE AHNUNG, WAS DAS ZU BEDEUTEN HAT.
IST DAS ÜBERHAUPT WICHTIG? DIESES GETUE UM IHRE RITUALE!
LEBT WOHL, GESCHÄTZTE BRÜDER!
GROSSER GOTT!
DAS SIND DIE HÜTER DES BLUTS!
DIESE SCHURKEN! ICH HABE ES JA GESAGT... SIE LASSEN NICHT LOCKER!
ZURÜCK! SCHNELL NACH HINTEN! KOMMT ALLE MIT!
DEINE BÜCHER, MARTIN! DEINE KOSTBARE BIBLIOTHEK!

WIR KÖNNEN NICHT RAUS...
ES GIBT NOCH EINEN AUSGANG, ABER DEN MÜSSEN WIR ERST FREILEGEN! KOMMT SCHNELL!
HINTER DIESEM BÜCHERREGAL IST EINE TÜR. ICH HABE SIE ZUGESTELLT, UM MEHR PLATZ ZU GEWINNEN. SIE FÜHRT IN EINEN SCHUPPEN...
DEIN GANZES LEBENSWERK VERBRENNT, MARTIN... KÖNNEN WIR DENN NICHTS DAGEGEN TUN?!
WIR MÜSSEN ALLES AUSRÄUMEN, DAMIT WIR AN DIE TÜR KOMMEN...
HELFEN SIE MIR, DIDIER! DIE TÜR WURDE SEIT JAHREN NICHT BENUTZT!
DAS NARRENTESTAMENT!
42

DIE ZEIT REICHT GERADE...

WAS IST DENN, JACQUES? KOMM SCHON, BEEIL DICH!

ALLES IST VERLOREN! ES IST AUS... KOMM, ES IST...

ICH KOMME!

ABER MARTIN... DAS TESTAMENT!

WIR KOMMEN IM GARTEN HERAUS!

JACQUES? ER IST NICHT DA! ICH DACHTE, ER WÄRE...

MARTIN... DAS TESTAMENT!
TU DOCH ETWAS, DIDIER! HILF IHM!
ICH KANN DIE FLAMMEN NICHT LÖSCHEN! ICH SCHAFFE ES EINFACH NICHT!...
ES IST ZWECKLOS, DIDIER... ES IST ZU SPÄT...
ER IST TOT.
DIE HÜTER DES BLUTS HABEN MIR ALLES GENOMMEN! MEINEN FREUND, MEINE BÜCHER... UND DAS NARRENTESTAMENT... DEN BEWEIS, DASS JESUS EIN VERSCHOLLENES EVANGELIUM VERFASSTE. NUR EIN PAAR VERSENGTE SEITEN SIND NOCH ÜBRIG...
44

SONNTAGMORGEN...

HIER HÄTTE ICH DAS NARRENTESTAMENT HINTERLEGEN SOLLEN. DAS HÄTTE ICH GLEICH NACH FRANCIS' TOD TUN MÜSSEN...

WOHER WUSSTEN DIE HÜTER DES BLUTS BESCHEID? WIESO KENNEN SIE JEDEN UNSERER SCHRITTE? DAS IST DOCH EIN DING DER UNMÖGLICHKEIT!

ICH WEISS ES AUCH NICHT. SIE KLEBEN AN UNS WIE UNSERE SCHATTEN.

DIES HAT DIE FEUERWEHR AUS DER BIBLIOTHEK GERETTET.

DER RING VOM GRAB JESU!

WELCH EINE IRONIE! ICH SCHLEPPE DEN SCHLÜSSEL ZU DEM HEILIGEN GRAB IN DER HOSENTASCHE HERUM. WENN DAS DIE BRÜDER WÜSSTEN, DIE IHN VOR MIR GEHÜTET HABEN... UND ICH HABE ZUGELASSEN, DASS DAS NARRENTESTAMENT VERNICHTET WURDE!

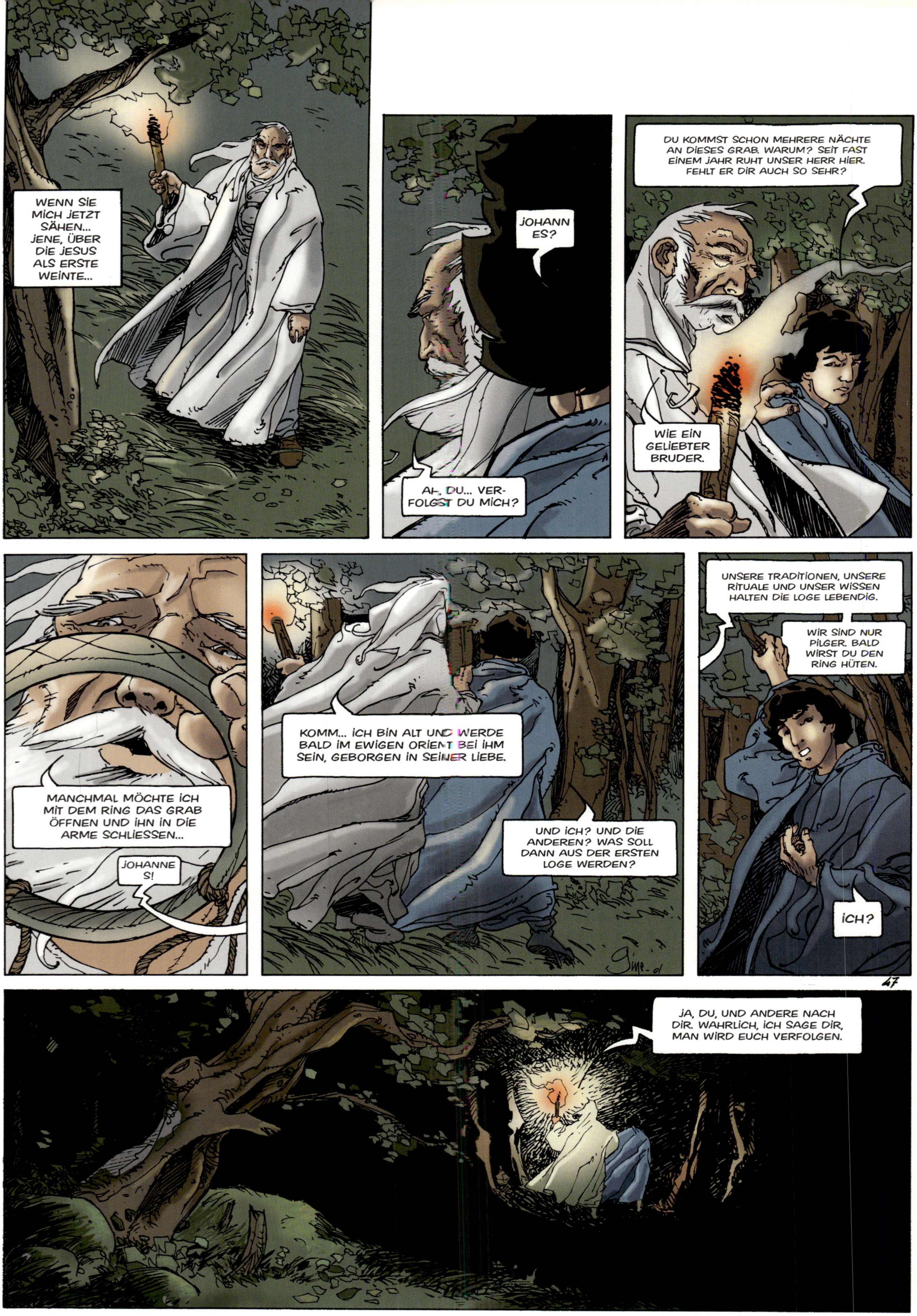

ENDE DES VIERTEN BANDES
NÄCHSTER BAND: DIE TEUFLISCHE LÜGE

Mein besonderer Dank gilt
René Guerreau und Eli Allache, die mir als erste vom Zwillingsbruder Jesu erzählten.
Alain Fleig, Verfasser von **"La terre des Croisades"**.
Bruno Lafille, Autor von **"Templiers en Europe"**.
Richard Ambelain für seine Dissertation **"Jésus ou le mortel secret des Templiers"**.
Norman Golb, Autor von **"Qui a écrits les manuscrits de la Mer morte?"**.
Sowie den Brüdern der Loge **"la loi d'action"**.
Unwissentlich haben sie auf ihre Weise dieses Werk angeregt und ich danke ihnen.

"Das geheime Dreieck" ist eine fiktive Geschichte
und ich bitte die Leser, sie als solche zu betrachten.
Didier Convard